Principio de entropía

de Principio *entropía*

Sergi de Diego Mas

eolas
poesía

A Antonio Gamoneda,
música en el silencio.

Lee en las láminas de vidrio: los argumentos del placer y
los capítulos de la destrucción atravesados por una sola
mirada. ¿Quién habla en esta transparencia?
Sólo es legible el libro de lo incierto.

ANTONIO GAMONEDA

Construye el mar su pecho de pedazos
  como el tiempo su orden de derrotas.

MARTA AGUDO

Un hombre espantoso entra y se mira al espejo.
«¿Por qué se mira al espejo si no ha de verse en él
más que con desagrado?»
El hombre espantoso me contesta: «Señor mío, se-
gún los principios inmortales del ochenta y nueve, todos
los hombres son iguales en derechos; así, pues, tengo de-
recho a mirarme; con agrado o con desagrado, ello no
compete más que a mi conciencia.»
En nombre del buen sentido, yo tenía razón, sin
duda; pero, desde el punto de vista de la ley, él no estaba
equivocado.

CHARLES BAUDELAIRE

1. ACUMULACIÓN

Ayer,
a esta hora,
faltaba una hora para ser ahora,
aunque ayer,
también ahora,
se detenía el tiempo.

Anochece dentro de la habitación y la ceguera es sólo sintáctica.

El motor al ralentí del autobús, la canción de cumpleaños en el parque, el graznido de aves.

Entre gritos de almas se conjuran las polisemias, envejecen en duelo de silencios,

antes de todos los tiempos.

¿Danza de hojas o ruido de lluvia?

La persiana entreabierta trasmite unidireccional en el dial de una emisora de radiofrecuencias. No hay piedad ni salmos en este templo de plegarias.

El espejo avisa —no soy un haiku— y escucho, paralizado en la cama, el instante de peligro.

Así comienza la era del sonido.

EL REFLEJO es táctil:

Pluat ergo sum.
Breiko Breiko dos metros
horizontal

[*SINONIMIA*. Me inmolo en la cama. La persiana entreabierta es el dial de una emisora de radiofrecuencias en la que aúllan feligreses sin salmos, desbocados hacia el precipicio.

Gritan mandrágoras en la sed y el hambre, arrancadas de una leyenda que no merece los pies que pisan esta noche.

Hay fiebre en la culpa de ser atendidos.

Grita de miedo la etiqueta de una botella de agua mineral. Recela en danza acuosa, burbujas atrapadas en un pasado líquido y de cristal que conforman una constelación de aire.

La transparencia es cósmica:

    73% y bajando.

Trasciendo, pretencioso —incluso así, no soy un haiku—

    grita de ti
    una multitud bi-
    naria en la que

cede el cuerpo
en el instante de peligro.]

No PUEDE el cuerpo desdecirse
aunque se abandone al rito.

Calle, *escadinha*, ritmo cardíaco.

Desde ventanas sin fachadas nombráis este vacío.

PENETRO tu significante porque eres muchos en tu significado.

Gritan las sombras, silenciosas en las cesiones.

Frutas envejecidas en un arroyo de quimeras, confín roído de cumulonimbos donde tú y yo

no nos conocemos.

PRIMERO los palmos,
luego las horas.

¿Quién mide la forma de esta superficie sin nombre?

Llull 256 segundo cuarta escalera izquierda.

La pregunta es un lugar en el que todo cabe,

> incluso el eco de las gotas de
> lluvia caídas en el bautismo, ol-
> vidadas de ti, evaporadas en la
> asfixia del móvil y del inmóvil,
> del que pregunta, del que gira
> sobre un eje sin que el dado
> avance [Mallarmé matricial].

Primero los palmos
y luego las horas

en esta multitud de voces.

Restos de mí y de mi navegación,
método de trilateración inversa,
miden
lo que jamás existió.

Saul Bass es el orfebre de todo asesinato, todo sistema tiende
al desorden.

Las moscas perfilan con tiza la entrada a un reino sin historia,
un condominio sin fábulas que susurrar
los albores de esta vida.

THE ACT OF SEEING WITH ONE'S OWN EYES de Stan Brakhage es la filmación en 16 mm de una autopsia en la morgue de Pittsburgh.

El título hace referencia a la definición literal: el acto de ver por uno mismo —αὐτοψία— la porción de materia que no conseguimos atrapar en una fotografía.

[¿O sí? Asómate al intervalo abierto en el papel baritado de la guía de *Lonely Planet*, observa cómo duerme la soledad en el interior de una estructura —su interior es otro mecano—.

La idea de «complejo» es sólo un intento, un lema vacío, un tipo de sonido carente de nombre.

Siento las caricias del ruido en el silencio y la melodía, en el eco que cae sobre todos los cuerpos.]

2. RESONANCIAS

I felt a cleaving in my mind
As if my brain had split;
I tried to match it - Seam by Seam -
But could not make them fit.

The thought behind I strove to join
Unto the thought before,
But sequence ravelled out of Sound
Like Balls - upon a floor.

EMILY DICKINSON

ALGUIEN NOS HABLA en una dirección que es relativa.

Somos exclusivos sin saberlo, líneas de fuga en el amanecer de una carretera expandida.

La luz nos mira, ambigua, en una geometría de oscuridad y agregados, de imanes y hechizos.

Cada embrujo tiene su distancia.

Cada distancia tiene su silencio.

YO ES PLURAL, como la lluvia que cae sobre el centeno.

Una gota se precipita sobre el horizonte [recta secante] y
recompone los principios de Euclides:

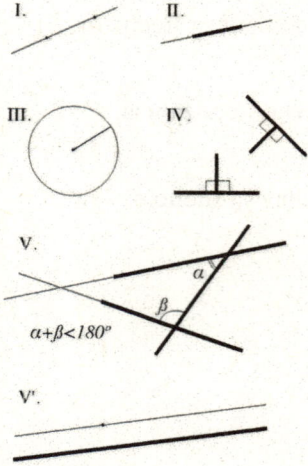

1. Dos cosas iguales a una tercera son iguales entre sí.
2. Si a cosas iguales añadimos cosas iguales, las totales son
   iguales.

3. Si a cosas iguales quitamos cosas iguales, los restos son iguales.

4. Las cosas que se superponen son iguales.

5. El todo es mayor que la parte.

6. La caída no puede ser sino vertical —recta secante, como la lluvia que cae sobre el centeno—.

EL REFLEJO en la soledad de Thoreau:

My life has been the poem
I would have writ,
But I could not both live and
utter it.

—una casa, un lago y el bosque, la imposibilidad del verano
en el que sobrevivirnos—.

ENUMERO LOS CÁNONES, las tasas impositivas, el error de las vidas y las desapariciones, la cadencia de la elipsis grabada en la madera del árbol.

El arte modifica la percepción original (*Jn. 1:1*), la visión enciclopédica del conocimiento. El absoluto debe ser cuestionado, pero ¿dónde están vuestras preguntas?

Desde el 2º 4ª, escalera izquierda, no reconozco las oraciones en esta esfera de coágulos, no llego al primer piso del Edificio Walden.

Las palomas, Thoreau, Bofill o DJ Sideral pinchando en el Club Nitsa son equivalentes en este mundo de imperfecciones.

La PALABRA es una instantánea no registrada.

En el timeline de la pantalla aparece una imagen exacta —los filtros son amplificadores— que se repite en el desplazamiento vertical sobre el cielo eterno.

Una imagen plasmada a la vez por dos personas que no saben que coexisten, que desconocen que han capturado el mismo aliento, el mismo fuego, la misma voz [*escala 1:1; en el principio era el Verbo, y el Verbo era Dios*], dos verdades separadas por el transcurso de una vida simultánea.

PUEDO PULSAR 49 botones en el mando a distancia, pero desconozco por qué la disposición de las teclas en una calculadora es distinta a la de un teléfono —o a la del capitalismo de un cajero automático—.

Vuelvo al mando a distancia. La distribución aleatoria de sus teclas forma una matriz de pasajes y recodos, el laberinto de una isla.

Polisemia y territorio.

En el decálogo de mi dispersión observo cinco teclas desgastadas, apéndices salientes de la superficie del aparato desplazados de todo tiempo y medida.

Pulsar cualquiera de las teclas restantes es un salto imprevisible, una llamada de teléfono a otra armonía.

La sinonimia se dimensiona otra vez en este caos de voces.

TROMPETAS y gritos en el tren. La Hammer resucita a base de diálogos prostituidos. Vagón 6, asientos 9A, 9B, 9C, 9D, 2º4ª izq. Apestan Las putas de Drácula, La sordera de Peter Cushing, Las manos del Dr. Frankenstein. Todos cabemos en esta caja unidimensional. Quiero dormir, cerrar un telón que no existe.

En la ondulación gravitatoria del cosmos las barcas se mecen alineadas sobre el azul de los cuerpos.

La proximidad es un tipo de distancia
y ésta es fusión de lugares,
vectores de sexo en las georreferencias.

La mente implosiona en el equilibrio.

No encuentro ideas simétricas sobre las que apoyar el sentido de los días.

FRENTE A UNA ESCUELA de primaria, dentro de una nave industrial, hay una piscina.

Dos desconocidos discuten, llegan a las manos.

Estoy con David, ahora dentro del edificio, ahora fuera.

Ahora un bloque de hormigón, ahora una escena de interiores.

Nos dirigimos hacia la playa, pero no a bañarnos, eso es seguro.

Hay algo, un destino, una meta en esa zona costanera del barrio, quizá un concierto, pero no logro recuperar ese fragmento de memoria, esa constante.

Las dos personas que discuten también están, de repente, en la calle, pero no siguen nuestro camino.

Abrimos un cajón de la cómoda y elegimos una trayectoria no coincidente.

No recuerdo nada más.

EL AGAVE florece una vez al final de su vida, cuando un largo
tallo se eleva repentinamente desde el epicentro de su
organismo.

En la base de su raíz aparecen diminutos pulpos rebosantes
de hojas de secano.

Se multiplican las constelaciones, las galaxias y los sistemas.

Los recuerdos del universo se reparten en estos ocho metros
de altura,

en este desacuerdo con el horizonte.

3. TOPOLOGÍAS (I)

Detectan su fin, van haciéndose transparentes los cuerpos, ves cómo se funden con el paisaje —ves a través de ellos el paisaje—.

Es paradójico porque más que nunca la carne reivindica en esos momentos su porqué.

AGUSTÍN FERNÁNDEZ MALLO

[MIDO en m2
tus silencios]

Mi desnudo es asfixia.

Tórax:
perímetro que une

[rodea]

       memoria,

             oxígeno

y memoria de nuevo.

Autorretrato en espejo convexo

(«Espirometría 1», *in memoriam John Ashbery*)

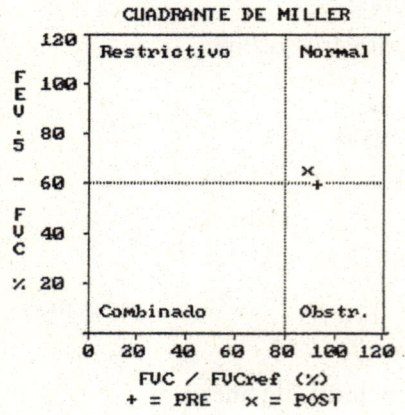

Y ENTONCES SUEÑO durante 24 horas un viaje no consumado.

Son 24 horas de acidez: estoy en un sofá, en un desierto a la deriva, lejos de ti.

Las carreteras son serpientes que silban contra el asfalto, celosas del resto de las piedras.

Sospechas en una noche punteada de semáforos. Movimiento y bifurcaciones a merced de la nada.

Nos rodea esta luz, arde la paz estática de una ciudad de sigilos y renuncias.

Brilla el aura en este limbo incierto.

ERAS TENUE *y llovía.*

El cielo dejó de ser cielo y ambiguo.

Hubo dibujos, vectores, líneas de puntos y pliegues.

Figuras antropomorfas barrieron un horizonte bendecido de agua y fuego.

Desaparecieron los durmientes, y con ellos la posibilidad de nombrar la misma nada.

Y prosiguió la lluvia, como si un mar se desangrara.

Ahora no.

Hace mucho que no llueve en este lugar repleto de tormentas, en este lugar sin nombre ni existencia.

Si resto mi aroma del tuyo

somos cero y uno.

[Todo es piel.]

La HISTORIA es una instantánea de partículas idempotentes.

Enumero el mobiliario, lo etiqueto con hashtags adhesivos
de lugares y sepelios.

La homogeneización es un código de barras: pintura, sabor,

el sexo descrito en rascacielos de curiosidades,

gabinetes sin retorno.

Información perversa   maloliente   dividida

adictos   todos

a ella.

EL FLASHBACK existe y se iguala al presente.

Desconozco cualquier otro lugar, así como su hora de llegada.

Desaparece toda dimensión concreta

[porque e = t].

No hay más perspectiva que la telegrafiada desde una cabina de teléfono.

Al aparato, en un pasillo polvoriento, leen *Coalinga a medio camino*[1].

Agito un mar envolvente que deja de ser paralelo al asfalto y gira y fagocita toda materia inerte.

Autopista y océano, piélago líquido, un todo acuoso.

La digestión es pesada, cambia el sabor de un rostro a otro, como el instante en el celuloide.

---

1   Relato de Sam Shepard.

Aunque ya es tarde, lo repito: el flashback existe y se iguala al presente. Somos islas que se miran y conviven a cero horas de distancia.

$$e = t = \text{teléfono} = \ldots\ldots\ldots = \text{silencio}$$

«Nel mezzo del cammin di nostra vita / mi ritrovai per una selva oscura, / ché la diritta via era smarrita.»[2]

Por más portales que transitemos nos separa la misma distancia de olvidos.

---

2 *La Comedia*, de Dante Alighieri.

EL SILENCIO en mi urbanismo es perturbador, desconozco el precio de su perfume.

Me quedan tantas cosas por aprender que decido renunciar al sexo, a las hamburguesas con Tony Soprano, al alcohol con Jimmy McNulty.

Aspiro a la soledad de Reed Richards en la Zona Negativa, a la habitación en sordina de Beethoven.

Especulo con la monstruosidad del conocimiento.

DANZO bajo una lluvia de voces.

Me diluyo en una masa de figuras complejas.

Esquivo moléculas de agua, pares de átomos de hidrógeno
unidos a uno de oxígeno.

La respiración y el silencio se solapan, se confunden en el
veneno.

Me falla el aliento, pero llego al final del día.

En ese final —hemisferio de hemisferios— permito que
continúen, infinitas, las trayectorias.

EL PERFIL de palabras desgarra la niebla y ésta se inmiscuye, breve e invisible.

La climatología permanece en la mirada y el verbo, en la verdad de las predicciones que conforman las letras y los fondos de otros idiomas.

Gradientes de temperatura en una región indeterminada.

4. CORRESPONDENCIAS

¿Qué fue lo que nos dijimos el uno al otro? Hemos debido hablarnos muchas veces, pero de éstas sólo queda la huella de las palabras y las expresiones de tu rostro y cuerpo mientras hablabas o escuchabas.

JOHN ASHBERY

(a) David

QUERIDO, ESTUVE ANOCHE leyendo el dossier de Pynchon. Ahora mismo tengo unas ojeras salvajes. No se puede poner uno a leer ese tipo de dosieres a las 12:30 de la noche, después de 4 cervezas y un gran concierto. Maravillosa banda de jazz la que tenemos los lunes en Zamora, en el bar donde presentaremos Viscerales, precisamente.

Voy a empaparme del tal Pedro Pablo Parrado, eso del PPP es muy novelesco. De Mourinho escribiré también. Loado sea el cielo galáctico con su presencia. Yo soy el equipo. El Madrid es Mou y su circunstancia. Los medios centros defensivos ni se crean ni se destruyen. Envidio su inteligencia y su capacidad de autocrítica. Imprescindible.

El Zamora ha fichado a un entrenador nuevo. Ha pedido piso y dietas. Si salva al Zamora renueva un año más automáticamente y cobra una prima importante. Si no lo hace, se va gratis. El equipo ha ganado 1 partido de 3 con él, pero se nota mejoría, ha convocado a chavales de casa y ha dejado fuera a los cánceres. Ese entrenador va para grande, tiene toda la pinta y espero que vaya para arriba con este Club. No nos merecemos otra tercera división. Eso sí es un pozo, la segunda A es un paraíso.

A Golos Truda le he quitado un poema y muchas palabras sueltas y versos de ejemplo en los poemas largos. Le he quitado las comas al principio de los versos y he añadido una cita mágica: voy a correr como un negro para vivir como un blanco. Ya sabes de qué poeta africano es ese verso. Una genialidad literaria en sí misma.

Me duele Alberti. Tal vez sea libertad y un despeinado lo que necesita. Sólo tal vez. Volveré sobre él, sin lugar a duda, el lunes que viene el libro tiene que estar en Barbastro.

Leeré Homicidio. He leído un par de páginas y tiene buena pinta. Pero vamos a terminar el de Pola Olaixarac primero.

Tengo ganas de Barcelona. Muchas.

LS6 tiene mucho de 25 centímetros, porque Mario y yo venimos del mismo sitio, hemos subido estos peldaños juntos. Espero que te guste. Y deseo que me cuentes lo que te parece.

He leído lo de «El Garantías» y mola, esa gente hace grandes las ciudades y la cultura.

Estuve todo el día pensando en felicitarte, pero al final se me pasó llamarte. Entre unos compromisos familiares a cuenta de un funeral —esperado y excesivamente directo, así que no te preocupes que todo está bien— y otras lindezas de desconexión, pues se me pasó por completo. Tengo ganas de que hablemos un día, pero es que tengo unos horarios un poco criminales. De todos modos, hablaremos pronto, ya verás.

Llamé a mi amigo Pep y le dije: oye, mira a ver cómo andáis de 5-0 este año, que es el cumple de un amigo y, bueno, me gustaría. Y Pep, que es así, me dijo que no me preocupara, que se lo comentaba a los chicos a ver. Y mira, me hizo caso. Disfruté mucho ayer con el partido, imagino que como tú. Sobre todo con el cómo. La forma es muy importante. A mí es lo que me gusta, ganar títulos es lo de menos, eso es de pobres.

Un abrazo, ¿todo bien por ahí? ¿el curro? ¿CiU? ¿la nieve?

(b) Marc

QUERIDO S.,

Creo que ya lo dijimos, al final no sé si nos quedarán las grandes cosas o las pequeñas, los librazos o las cancioncillas, las grandes revelaciones o los buenos momentos. Ayer, con C y P, su pareja, de Guadalajara, estuvimos en el 'Més de Vi'. Fue una noche bonita, como las nuestras.

De los dos solsticios, el de invierno es el más oscuro y frío. Por eso se hace necesaria la esperanza. El de verano, luminoso y cálido, permite vivir lo bueno del presente. Uno, judío; el otro, griego.

El primer día del año es un día convaleciente, pero quizá no es tanto recuperarse de una enfermedad, sino que tan sólo no sabemos por dónde empezar.

Incluso Don Quijote se cansó y se planteó hacerse pastor, pero yo ya no llego a eso, los propósitos nos superan. Así pues, saltar de una novela caballeresca a una pastoril puede ser una opción, siempre apuntando a la unidad literaria, aunque me doy cuenta de que ese mar literario es un ahogo y que se vive y se lucha en las olas.

El camino más recto hacia el infierno es asaltar los cielos.

QUERIDO MARC,

Mercè Rodoreda decía a Saladrigas «Todo lo doy por bien vivido, porque ahora sé que en la vida todo hace bien, lo bueno y lo adverso, y no lo digo porque sea optimista, que no lo soy, sino por una voluntad de supervivencia y un cierto sentido del humor que son los que han permitido salvarme».

El camino más recto es un funicular bajando una montaña, una línea formada por puntos —aporía— y una canción de Lou Reed.

Asaltar los cielos.

Querido S.,

No sé si hago las cosas por positivo deseo o por mera desesperación.

Pienso en algo como esto: sabes que te queda poca energía y necesitas demostrar que todavía puedes.

¿Poder qué? Poca cosa. Levantarse y caminar como le ocurre al buen Lázaro, o a aquel paralítico que a veces somos.

Tenemos que procurar por todos los medios que se dé el milagro, que la compañía nos inspire.

QUERIDO MARC,

Caminar y esperar que aparezcan respuestas, señales en la ca-
rretera. ¿Soy ingenuo? Bueno, caminemos en el ruido.

Leo un verso de Louise Glück «*you are not alone, the poem
said*».

Fíjate, S.:

Tal día como hoy, en 1960, murió en un accidente de coche Albert Camus, aunque sería mejor decir que murió por accidente porque, al fin y al cabo, ¿qué no es un accidente en la vida?

Me hizo gracia el artículo que me enviaste de Manuel Vicent. Ambos comparten una visión mediterránea de la realidad. El mar y el sol dan a la vida el tono amable que, por ejemplo, desconocían los existencialistas de París. Alguna cosa tiene que ver con «aquellas dimensiones profundas de la realidad» que aligeran las luchas que se dan en tierra firme.

Uno de los pasajes más bonitos de 'La peste' es cuando Rieux, el médico protagonista, y un amigo suyo salen de los muros de la ciudad para darse un chapuzón en el mar. Es como hacer una inmersión en el mar de fondo, y por encima prosigue la agitación de la superficie.

Mientras tanto he pillado un resfriado de tomo y lomo, de los que se estilan ahora, con mucha mucosidad. He leído que los medicamentos para tratarlo están agotados.

Pero esperaremos a que los Reyes nos sean propicios.

Querido Marc,

Si empiezo por el final, algo que no sé si es correcto pero que sí sé que a estas alturas debiera entrar en el grupo de matices que no importaran, separándolo de aquellos otros que siempre nos tienen que importar, como el grito sin justificación, la estridencia de los pasos, el embrollo en los telediarios —no así el embrollo de los periódicos de papel, al deshacerse del orden determinista de sus páginas grapadas, porque éste, al menos, me recuerda a mi abuelo, y es un lío que no tiene nada que ver con el de las palabras que aparecen en ellos—.

Perdido me hallo.

Decía que si empiezo por el final no importa, así que lo primero que debo decir es que los reyes me han sido propicios. Ayer precisamente leía a Camus. Decía que no ser querido es una desventura, pero que la verdadera desgracia es no saber querer. Saber querer nos hace más libres y es esta una gran revolución, aunque no sé si en los términos de Camus.

Los reyes nos son propicios cuando nosotros nos somos propicios.

En estas noches de deseos a veces regresan cosas extrañas: a mí, el catarro mucolítico se me colocó en los ojos. Lo llamaron conjuntivitis en un momento de tristeza. El goteo de palabras hacía que la lágrima brotara suave, en caída inevitable.

Además del deseo de mejoría, una buena farmacia siempre va bien. ¿Has preguntado si tienen los medicamentos en la Farmacia Oriol? Es la de la calle Llull con la Rambla, suficientemente grande. Un templo de elixires.

QUERIDO MARC,

Ayer descubrí que la película de Bigas Luna 'Son de Mar' es la adaptación de una novela de Manuel Vicent. Una historia sobre la sensualidad y el deseo, sobre sus aventuras y dificultades, repleta de la simbología homérica de nuestro Mediterráneo.

Me cautivaron dos cosas de ella: Leonor Watling y la banda sonora de Piano Magic, un grupo por siempre anónimo del que yo compraba todos sus discos y asistía a todos sus conciertos.

La banda sonora es envolvente, atmosférica, construida de objectos cotidianos, mediterránea y a la vez triste porque el mar tiene los mismos rostros que la vida, algunas desaparecidas y olvidadas.

Por ejemplo, el mediterráneo y un campanario:

https://open.spotify.com/track/7tBVEHilQKakxY5FsdKc Vx?si=YylHMhR1Sta2vsULPevJqg

Necesitamos sumergirnos para encontrar la piedrecita en el fondo del mar, en el mar de fondo. O encontrar piedras de río cuando el río baja fuerte.

Pascal Quignard dice que en la naturaleza no existen los fragmentos, que cada pequeño esbozo, cada migaja, cada pequeña piedra es un todo que forma el universo.

Siento que hemos troceado un poco el mediterráneo. Qué mejor que sumergirse y cruzar una superficie agitada, y en la inmersión buscar las piedras, pedazos de vida, migajas de pan.

La amistad es la ciencia de los hombres libres, esto también se lo leí a Camus. La vida es un gran accidente en el que los reyes quieren ser propicios. Aquí, en casa, llegan por mar.

QUERIDO S.,

Hasta ahora no he podido leer con calma tu mensaje, ha sido la lectura del día, y la doy por buena. Contigo siempre me ocurre que se produce una extraña ley de coincidencias. Mejor dicho, de convergencias, aunque la palabra tenga ecos indeseables. Y es fácil seguir el hilo porque pocas veces tienes que abandonar el propio. Vicent, Camus, ¡Watling!, Quignard y la unidad en la naturaleza. Y los fragmentos. El nihilismo es la fragmentación, viene a decir Nietzsche. La unidad se puede interpretar como una especie de totalitarismo —la temida uniformización—. No podemos escapar a ello: somos fragmentos que buscamos la unidad y la salvación de la diversidad. Buscamos y huimos de una y otra. Quignard parece quedarse entremedias.

Me ha gustado mucho tu embrollo, esa manera de hacer tan tuya en la que haces aparecer a tu abuelo y Camus en la misma línea. Quizá es la manera que tienes, que tenemos, de apuntar a la unidad. Porque si no existe la emoción de lo inesperado ¿entonces qué?

Un día iremos juntos a la Farmacia Oriol a buscar elixires de mar.

QUERIDO S.,

He tenido un sueño extraño. Extraño, porque su escenifica-
ción ha sido muy previsible y tópica, como de película co-
mercial de ciencia ficción: me encontraba en una especie de
altiplano con más gente. De repente todo se hundía. Desapa-
recía el suelo bajo nuestros pies, caía en un abismo insonda-
ble. Había llegado mi final, eso era seguro, pero sin solución
de continuidad me encontraba en una habitación de diseño
irreal con la certeza de una salvación ficticia. De hecho, la
sensación era justamente esa: como si la salvación hubiera
sido entrar dentro de una película del Hollywood más ado-
cenado. Mis nuevos compañeros supervivientes eran actores
(me ha parecido reconocer a Liam Neeson, no sé qué signifi-
cado le daría mi exanalista).

Quizá sí que haya un final apocalíptico en mi sueño: la atrofia
definitiva del mundo imaginativo y espiritual. Pero de eso ya
nos preocuparemos otro día.

Hoy toca volver a la vida diaria después de esta última sema-
na que, para mí, siempre es excesiva.

QUERIDO MARC,

Aunque me gustaban, de pequeño sufría la clarividencia con la que recordaba mis sueños. Su verosimilitud llegaba a extremos en los que, por surreal que pareciera, no sabía distinguir muy bien qué podía ser real y qué no.

Mientras tú soñabas con Liam Neeson yo soñaba con el gato de mis sobrinas.

A pesar de que en este plano de realidad el gato está en Tudela, en el sueño estaba aquí, y escapaba saltando desde el balcón de mi casa entre ramas, corriendo a pasear por las calles, como en el poema de Vinyoli.

Perderlo era desasosegante, pero en cambio no aparece la idea de libertad en este verso.

Liam Neeson y el resto de actores que parecían acompañarte como comparsas con quienes nada tienes de qué ocuparte, ni tan siquiera de qué hablar son, en realidad, una compañía que no existe.

Toca descanso y con él las ideas también descansan y después, al despertar del sueño, la flor de Coleridge en las manos:

«What if you slept.
And what if
In your sleep
You dreamed.
And what if
In your dream
You went to heaven.
And there plucked a strange and beautiful flower.
And what if
When you awoke
You had that flower in your hand.
Ah, what then?»

El gato se llama Neo.

QUERIDO S.,

Ah, what then? Me ha gustado lo que has dicho: la flor de Coleridge en las manos. Desconocía el poema, la existencia de esta flor. Es bonito y sencillo. A menudo saltamos de nosotros mismos, del mundo habitual, con la doble intención de aprender, de vivir alguna cosa nueva y, después, de volver enriquecidos de alguna forma. Viajar, leer, escuchar. Por ejemplo, el poema de Coleridge. Entramos en él y después salimos ya con una flor en las manos. La flor de la que habla el sueño se recoge en el cielo, pero nosotros la hemos recogido en el poema.

Ione: Mira mi dibujo.

S.:   Es muy bonito: un sol, tres flores, una nube con tu nombre.

Ione: No, no es una nube.

S.:   ¿No es una nube? ¿Qué es?

Ione: Pues es una forma.

5. TOPOLOGÍAS (II)

Porque Yo es otro. Qué culpa tiene el cobre si un día se despierta convertido en corneta. Para mí es algo evidente: asisto a la eclosión, a la expansión de mi propio pensamiento: lo miro, lo escucho: lanzo un golpe de arco: la sinfonía se remueve en las profundidades, o entra de un salto en escena.

ARTHUR RIMBAUD

Todo es memoria,
cuerpo sin cuerpo.

Una línea sin trazo, la exploración más allá de las secciones
—la uña libera y el cirujano crea un universo no lineal—.

Extender las manos sobre el papel y acariciarlo de forma plás-
tica, atravesar la hoja, la pantalla, la carne desafectada de la
red.

El cuerpo es inalámbrico, dentro y fuera son dimensiones
inexistentes.

Cojo tu mano y acaricio un metabit.

[*contactless*]

No es éste lugar
donde mutilar nuestros pensamientos.

Soy célula y tú eres cuerpo
más allá del cuerpo.

Tratado de anatomía plegada en el desorden de un laberinto
de coincidencias.

La uña se exhibe reversible en el sigilo.

Cuántas identidades en la confusión
de un mismo algoritmo.

VIDAS REDUNDANTES enfrentadas a un muelle en espiral,
círculos, remolinos, principio de entropía.

Mírame, pues eres tú a quien encuentro en este texto
[rectangular es el recuerdo].

¿Está fría el agua?

La sed se vacía de distorsiones: un golpe en la rodilla y la ven-
tana abierta mientras ruge el camión —la basura desaparece
más allá de la hora acordada—.

LUEGO EXISTO, ¿pero antes? Antes, la desnudez vestía láminas de cartón. La miseria observa los titulares del día —un concierto, un hacker, una plaza en Egipto—. El resultado es una suma egocéntrica de unos.

Ruge la memoria, fábula de leds.

ABRO VUESTRA PUERTA y escucho un rezo_
    No es puerta   semántico   el ruido
que escucha el gozne.   El pomo se retrotrae sobre sí,
    agujero de gusano creador de /de/ *fine* puerta   :
    vacío, escarcha inmueble, espacio invisible
de espacios.
    La condena se ciega en la madera, a veces hierro,
a veces pared.
    Sintáctica es la frase que agita tu noche
polisémica, blanca y sueña.
Al otro lado una canción, bibliotecas,
tocadiscos. El léxico de una puerta que no es puerta
sino salto, cavidad túnel, emisión de luz.
    Árboles en el firmamento
    [el universo nutriéndose de superficies inversas
en expansión].
    Llave anatómica   :   disección del interior   :
átomo y piel son sinónimos, superposiciones, el cuerpo sin
límites.
    Describir imposible y hallar un antónimo motor.
    Cosmogonía del viaje en la puerta sin puerta
[neologismo, página en blanco], estructura, marco

cuántico de retales, oxígeno y dióxido, poros
microscópicos
    y cruzas

        cancela
            pórtico
               brecha

umbral de sonido oculto
bajo la superficie.

LA HISTORIA es la radiografía de una diferencia horaria.

Escribe Levrero: «El vendedor lo puso en una vitrola y me lo hizo escuchar; quedé instantáneamente hipnotizado. Ese tango, ese sexteto, me producía un estado de ánimo para mí desconocido hasta ese momento. Actualmente me produce exactamente lo mismo. Es una especie de nostalgia extrema por algo desconocido, una nostalgia como para llorar a gritos, y paradójicamente alegre».

Las cadenas sostienen el columpio en perfecta simbiosis con los árboles del parque.

Las raíces, ajenas a la mirada, son el anclaje que requiere el movimiento oscilante. Las ramas dudan, mecidas por el viento.

En el columpio un muñeco.

LLUEVEN datos sin descanso
la incógnita es

la sombra del brezo

500 Internal Server Error

Sorry, something went wrong. A team of highly trained monkeys has been dispatched to deal with this situation.

If you see them, show them this information:

b-PmqhQLs1O3apjQfWxoywF7lGOSXRA3AKWZlqFI-
1D1k5Wo3laZ7CgSvhkYAJq2K8iWoJ1RdxZItqzFySjo1R-
tHsI-p2XDcAuHeB1DgMuEniPScmZnSIPrnWBU2S-
yPdYFsvOPTqXoJiB-Ghc4uocoU3hWjmz6yt2iXi-th-
zep6-M1yZk1xuUARgY4g9fC4hnuHkN4Sunow6suSpf-
Si8Z6zpvocil8XlgrRMrTEaEsoJlytF-6Nojqj84lYQPUBgvN-
hX4kzfKm6Wwiql5NxdkNl-gacNOB6LoYxFV518jY3tDI-
MoX6Yt5l4jKdv6EoNXZXsAgIrxXElC902IhqjTNMPsG-
n5XUaHeoT9FdJQa-JaVcV9q_AZqeCNrwfD29gzd9R-
Se9ieyZVVRnEylumYMydd2lCd8E_In8zIfYLdZfoClZo-
dEUxWzbjQtvBN9gBIDjQxnRTxdJBL7DMoiA4iifcFe-
Mgk2JO671mYops2xfBxE7t4cbe-4ZySV7Yw4CfidL3ebWS3-
_27Nfn3e7J4l3oofHgi3rOJwIYzGLsvAOI7xocgiIDKWzZg-
Cieu2fC_eeTRW3D8Qvy9voMK_onHn-4qXrgV9-YAJkVBI-
hrBdTY5AiylU_I2Yq52HVaLEBCTvmttwp-y12TaTebMGES-
FHqY2A4DrO1AiL8i2yIUQNiZI4QcoRPTTPmbojOg-
CLy99salqpIxejS3u7nwWtTgqBfHg-M8dBsg7rQ5RmVxaVMS-
5Q4nn4McRoaJQVTAalvS-4DfpJWus9e3hrNAt12Dmko9g74C

LA DISPOSICIÓN de mis pensamientos ya no es vertical, sino circundante —condición de hipótesis restrictiva—. Y hoy, sólo hoy, odio esa rigurosidad. Lloros semánticos en el vagón 6, clase turista, asientos 9A, 9B, 9C, 9D, 2º4ª izq. Acusaciones en el vagón 2, preferente, asientos 3A, 3B, 3C. Sexo sin amor en el 4º 1ª, escalera izquierda. Imagen cenital de letras, rezos en el entresuelo. A través de la ventana escucho vuestros horizontes.

Google Earth es el artificio en el que esconder fragmentos de un cuerpo siempre solapado.

Observo el papel por última vez.

No soy más que una reseña en este campo de batallas.

Ya escribí sobre una mano formada de cicatrices e infrarrojos.

En el onanismo televisivo sentí el deseo polisacárido de la carne.

La celulosa nítrica se disuelve en éter y alcohol
y se utiliza como aglutinante en cirugía

                    —también en placas fotográficas—.

La uña sigue rasgando el muro.

                    Duele el corte.

Las 6:55 y las 20:58 marcan los extremos de un intervalo rotatorio, un viaje de silencios.

Me detengo ante el *Spiral Jetty* de Robert Smithson.

Bloques de basalto negro parten de la orilla del *Great Salt Lake*, en el desierto de Utah.

Al crecer el nivel del lago las piezas quedan sumergidas, y al volver a bajar, la sal las redondea,

blanqueados los elementos de la espiral.

[sexo en la reciprocidad de agua y arena]

LA LLUVIA EN BARCELONA, conductora del tacto, también modula las formas.

El souvenir [la memoria] reduce a cero la distancia y el pasado muta hacia la infinitud del presente.

Google nos devuelve el fragmento imperfecto de todos los veranos.

TODO SILENCIO se encuentra atrapado en el pixelado cuántico de un velero al atardecer, un paisaje subatómico.

En las dunas, el viento disgrega los granos de arena y la memoria se dispersa en unidades de tiempo.

Un soplo de fuerza invisible iguala las aristas y sus ángulos.

La superficie es ecuánime, tiende a la simetría.

LA UÑA desgarra límites, encuentra una ciudad más allá de
mis fronteras.

Recorrer el cuerpo no tiene [sentido] sin sentido.

[movimiento]

Espacio de espacios,
fragmentos al natural de una ciudad desnuda,
        franca,
abierta de piernas que,
        solícita y púbica,

me demanda un reflejo.

Una imagen diáfana.

Autorretrato en espejo convexo

(«Espirometría 2», in memoriam John Ashbery)

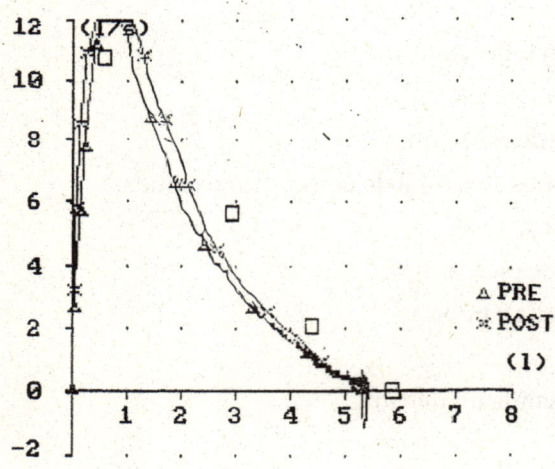

SUEÑO que he soñado y la historia pasa a ser olvido o resto: una falta.

El silencio parece tan cotidiano como cualquier otro acontecimiento.

A su lado encuentro la misma superficie que en el diario de Levrero, la misma medida, el mismo polígono irregular, vacante en apariencia.

El lugar es un espacio en blanco manchado por el transcurrir del péndulo, un rectángulo que mide el vacío.

El sistema operativo muestra reflejos múltiples, ventanas de cristal líquido que tratan de definir si el mar es principio o fin —una idea que es el borrado de semejantes—.

El viaje —desplazamiento táctil— quiebra la nula profundidad del plano.

En una combinación catódica de lenguajes los fotogramas se repiten, todos somos versiones en secuencia libre.

El scroll es el bisturí que desviste de ropajes este recorrido.

SIGUE LLOVIENDO, ahora sobre una superficie reticular,
escudo permeable y virtual al recuerdo.

El olvido de la palabra contra el chasquido de una gota.

La silueta se delimita por trazos de agua.

La falta ocupa el perímetro y expulsa el aire,

crea el vacío.

**Fatal
error:**
Out of
memory
(allocated
29884416)
(tried to
allocate
6000
bytes) in
/homepages/19/d362567043/htdocs/palimpsesto2
puntoo/wp-includes/media.php
on line
258

Es la luz la que mueve las voces.

La pantalla apagada no respeta la intimidad de los cuerpos,
inacabados, incompletos,

que se mecen en cuadros sin marco sobre fondo blanco.

La idea de límite es una aproximación.

La exactitud es encuentra en el *punctum* de dos figuras unidas por un átomo.

La memoria es un filtro de vanidades, cruel en el recuerdo y en el descuido

del beso.

EN UNA CASA SIN PUERTAS, sentados en la mesa, los comensales beben agua de un vaso del revés. Hablan sobre la nostalgia del futuro mientras permiten que emigre el pensamiento, que en los libros se explique que el lenguaje, como el plástico, jamás existió. Ríen sin verse y sin verse dan muerte al átomo mientras utilizan sus servilletas para limpiarse.

Fin de la cena.

No te entiendo para entenderte y por eso te *superficio*.

Te divido en secciones de materia desnuda, eres una muestra en la apariencia.

Indago en tu geometría y resultas inevitable, como el carmín en los labios o la tierra en una maceta de flores.

Habitamos en la clandestinidad de las sombras cuánticas.

No eres un rostro cualquiera.

No tengo suficiente con nombrarte.

EN EL AIRE, una pregunta: *¿Quién da muerte al átomo?*

Es el agua desaparecida de niebla y manos [estrangulamiento
financiero, carótidas, tráquea: Caronte conduce en su barca
otro tipo de orgasmo],

el opuesto confuso a la progresión de unas alas desplegadas.

Y la caída.

La palabra, aséptica, empequeñece en cuadrículas de cristal
y espera.

Cubículos que tienden a lo inverso, a la desaparición.

El alfabeto hace *¡plop!* sobre un palimpsesto.

El AMARILLO de una boya se balancea
sobre una superficie líquida, celeste por reflexión.

Divido la mirada en nanosegmentos.

Todos los fractales de una playa son el mismo recuerdo.

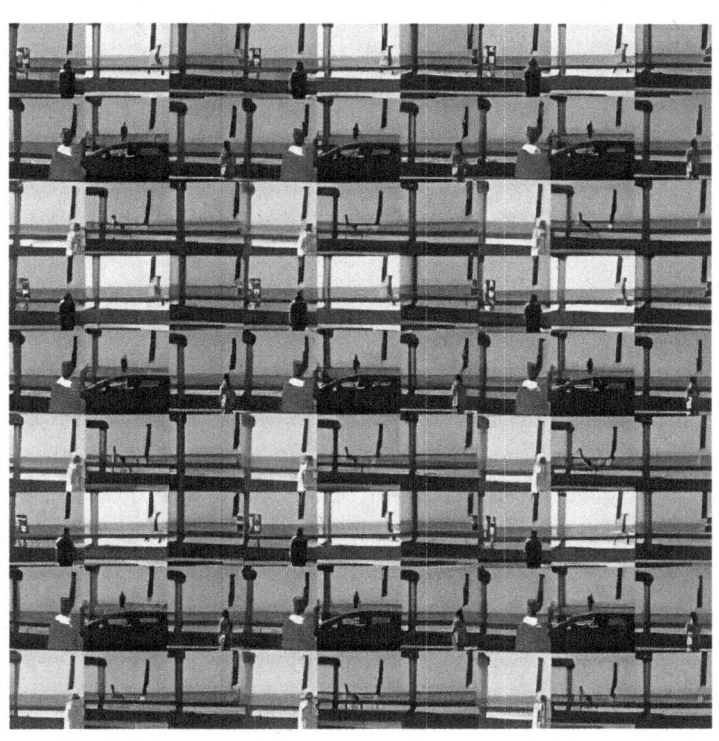

Los párrafos se forman en caídas irremediables de bloques, tableros de Tetris donde se escribe un poema.

En pleno desmoronamiento yo también caigo, veo luz en las ventanas.

Observo al 3° 7ª, al 4° 2ª, al SA 1ª, mi rostro y sus etcéteras en un orden extraño.

Lo insólito es un lugar en movimiento.

El espejo multiplica mi estructura, pero yo sólo quiero dividirla, fragmentarla en añicos indivisibles, formar una paradoja del yo.

De esa extravagancia [trastorno de personalidad sinónima] nace un yo plural.

La caída sin alas de una primera persona en proceso, pluricelular caída.

Me asomo a vuestros habitáculos,
nos veo.

Porque yo es otro.

Yo es todos.

6. VERANO ANECOICO

Reality is a sound, you have to tune in to it not just keep yelling.

ANNE CARSON

Hay geometría en el murmullo de las cuerdas.
Hay música en los espacios entre las esferas.

PITÁGORAS

la música callada,
la soledad sonora

SAN JUAN DE LA CRUZ

Todo es movimiento irregular y continuo, sin dirección y sin objeto.

MICHEL DE MONTAIGNE

Mezclas la luz en el cristal sediento
a intensidad y amor y sombra fría.
Todavía silencio, todavía
el sonido no tiene movimiento.

ANTONIO GAMONEDA

And certain sounds that deepen and slow
the poem
into sounds
you can't hear —all the long vowels
in the sharp teeth of consonants.

JORIE GRAHAM

Oye, hijo mío, el silencio.

FEDERICO GARCÍA LORCA

'Silence is sexy'

EINSTÜRZENDE NEUBAUTEN

Entremos en esta música
que no está sucediendo.

SERGIO GASPAR

Enumerar las figuras que se esconden tras el calor. Contar hasta cien con los ojos cerrados. Dar forma al silencio.

Los colores son una ilusión, el desplazamiento del sueño a la vigilia, el paso de un siglo a otro.

En el agua, el sonido se propaga con mayor rapidez y menor pérdida de energía. Se desliza, resbala, susurra la belleza de las palabras así como la de sus intervalos, infinitos y húmedos como los días.

Este poema se escribe por asimilación de sonidos que se escuchan y maquillan delante de un espejo, que combinan negro sobre blanco. Las páginas son las sábanas y nosotros, desnudos en su interior, abrimos una puerta.

Como la batalla, la danza es una habilidad innata del ser humano, lo contrario parece un imposible. [Y entonces me pregunto qué es lo contrario.]

Las cámaras de seguridad muestran cómo el viento golpea las formas y su arrepentimiento. Nos devuelven el sonido del impacto, trazan siluetas en el camino. En el futuro no quedarán imágenes por observar ni palabras por escribir, historia y ficción serán narradas de forma sonora. La percepción real del silencio será la música del recuerdo.

La memoria es ruido y silencio. «Sólo aquello que no tiene historia puede ser definido», dijo Nietzsche.

'Silence is sexy'
Studio album by Einstürzende Neubauten
Released May 23, 2000
Recorded April 1998–January 2000

El sonido, como el mar, viaja en forma de ondas. Los cabellos rizados de una mujer se reflejan en el agua, coinciden exactamente en las ondulaciones.

En la misma música el mismo sonido.

Un sonido se superpone sobre el siguiente hasta que la suma de todas las capas coincide exactamente con la gama de frecuencias de la voz humana. Dentro de un pozo un hombre espera un cambio en esa frecuencia para poder ser escuchado. De momento será una capa más en este acopio pretérito de recuerdos, futuras efemérides.

La velocidad máxima de rotación de la Tierra se alcanza en el ecuador y empieza a disminuir hasta llegar a anularse en los polos. Al rozar sobre su eje se produce un choque de partículas magnéticas que genera un sonido. A su vez, el giro de una hormigonera modifica la orografía del planeta, provoca fricciones en la magnetosfera. La Tierra muta, ve alterado su sonido.

Del mismo que las hojas de la higuera necesitan del viento, el tobogán necesita de la infancia.

Sin sonido no hay movimiento ni edad.

Un niño ríe mientras su abuela tose y sus padres se besan en una habitación. El sonido, como la piel, tiene memoria, y muestra qué ocurrió antes y qué después, que está por suceder y qué es lo que jamás sucederá. Por eso, aunque no haya nadie sentado, el columpio se balanceará, mudo de deseo.

El 30 de octubre de 1938 Orson Welles retransmitió por radio la llegada de diversas naves alienígenas procedentes de Marte, invadiendo el planeta Tierra. 75 años después todavía no se dispone de testimonio gráfico alguno de la presencia de aquellas naves. A través de las ondas hertzianas el sonido se anticipó a la imagen. Llegó antes la retransmisión radiofónica, el sonido fue más rápido que la luz. Alguien, en algún lugar, murmura la palabra «spoiler».

El sonido muestra lo simultáneo.

Dos cuadros se hallan en el mismo lugar, de forma casual, durante más de 30 años. Sus marcos no resisten el sonido expansivo de los cuerpos, la sudorosa huella del óleo, el impacto, en definitiva, del beso.

El ruido blanco es una señal aleatoria que se produce a lo largo de toda la banda de frecuencias, mostrando igual densidad espectral, igual potencia. Junto a 'Rayuela', de Julio Cortázar, es ésta la mejor definición para toda narración posible, para el eco torrencial de todas ellas.

Es el oboe quien inicia la sinfonía con un La nítido, de tonos diversos y completos, como los puntos que nos son tangentes.

En la partitura, el mediterráneo y nuestra piel, la realidad y el deseo.

Las portadas de los discos de vinilo son el maquillaje de una noche de verano. El sonido transcurre más allá de cualquier cárcel de plástico. Un rostro también es resonancia. No hay plástico que acorrale al paso sincopado, a la música de los hombros al descubierto. No existe tal barrera. Podemos escuchar el abrazo sin vernos y aun así, bailamos.

La percepción lateral del sonido nos acerca a la periferia. Así, el momento extraviado durante el segundo 18 de una grabación en vídeo pasa a ser cierto.

En 1993 Robert Altman dirigió la película 'Short Cuts' a partir de 9 relatos y un poema de Raymond Carver. Construyó un mecano de historias y personajes. A nuestros 20 segundos grabados en la estación de metro los llamaré 'Elipsis', un cruce, un remake de vidas cruzadas.

No existe ceguera porque no existe el silencio absoluto. El sonido, como la imagen, relata la acción y la inacción. Incluso el zumbido del terciopelo azul cubre todo movimiento.

«Si uno observa más de cerca este mundo hermoso, siempre encuentra hormigas rojas por debajo» dice David Lynch.

Existe el jazz más allá de la música. No hay suficientes palabras que delimiten sus múltiples e imprevisibles meandros. Cualquier tentativa resultaría imperfecta, una montaña de frustraciones. *Mejor dejarlo así*, dice Keith Jarrett.

Los locales en plantas bajas, el alcohol, las sillas de madera, las mesas redondas, el humo y la noche también forman parte de ti y de nuestro sonido.

El paso del tiempo brota de la superficie de un espejo, se percibe en los objetos que lo acompañan sobre la chimenea. El sonido de un diapasón marca las horas, la edad de la belleza mapea el recorrido, sugiere futuros reflejos,

la vida y tú.

Kurt Wagner, cantante y guitarrista de Lambchop, tocó en Barcelona el 20 de octubre de 2007. Junto a él, un maletín repleto de hojas gastadas y dobladas por el tiempo, folios donde están escritas a mano las letras de sus canciones, con anotaciones, tachaduras y variaciones. Durante el concierto, cada vez que Wagner finaliza una canción, cuelga el folio con una pinza en la cuerda de un tendedero instalado en el escenario. Páginas cómo éstas son la música que vestimos, el sonido húmedo secándose a la luz previa, antes de volver a casa.

El 26 de agosto de 1853, Henry David Thoreau escribió en su diario: «Vi el cometa al oeste esta noche. Me hizo pensar en las semillas blancas, imperfectas, que hay en la sandía; un meteoro inmaduro, inefectivo». 160 años después, alguien soñó con una ciudad que tenía forma de otra ciudad. Por la mañana escribió aquel sueño en un diario electrónico, salió a la calle y caminó hacia el edificio Walden. Allí no vio ningún cometa, pero el sonido del viento descubrió hojas verdes y húmedas de savia, pétalos lilas y perfumados. Es entonces cuando recordó aquel sueño, no antes.

Poco más queda por explicar en este relato. El sonido aparece intermitente al final de su propia representación. Esa intermitencia es una señal, un código en el que no existen líneas en rojo. *Caminar no és metafòric*, dijo Enric Casassas.

El sonido no entiende de barreras ni de perspectivas.

En la inconsistencia temporal de esta construcción reside el sonido —la paradoja— de las infinitas noches de verano.

*

«When I hear what we call music, it seems to me that someone is talking. And talking about his feelings, or about his ideas of relationships. But when I hear the sound of traffic, here on 6th avenue for instance, I don't have the feeling that anyone is talking. I have the feeling that sound is acting. And I love the activity of

sound. And it gets louder and quieter, higher and lower, longer and shorter... it does all these things. I'm completely satisfied with that. I don't need sound to talk to me. (...) The sound experience which I prefer to all others, is the experience of silence. And silence almost everywhere in the world now is traffic. If you listen to Beethoven or Mozart, you see they are always the same. But if you listen to traffic, you see it's always different.»

JOHN CAGE
NEW YORK, 4 FEB 1991

Notas finales

Tentativas o no, estos textos crecieron en ruta y en pausa en Lisboa, Tánger, Porto, Zamora, Madrid y Barcelona. Recuerdo el vagón del AVE, el metro o el Hospital del Mar. También a las personas, de alguna forma siempre la gente.

La sección *Correspondencias* son conversaciones intervenidas ligeramente para este libro. El poema *(a) David* es una misiva escrita por David Refoyo. El poema *(b) Marc* es un diálogo epistolar con Marc Galofré, originalmente en catalán. El poema *(c) Ione* es una conversación con mi sobrina Ione.

Parafraseando a Eduardo Moga, «ignoro si ellos los consideraban poemas, pero siento que lo son al leerlos. Los poemas, cuando surgen de un espíritu insomne, brotan en cualquier lado, incluso sin que los autores se den cuenta, o contra su voluntad». Celebro y agradezco la pulsión poética y el feliz accidente de su cercanía.

Una versión primeriza del poema THE ACT OF SEEING WITH ONE'S OWN EYES apareció en el fanzine «M.E.T.A. Multi-Emulador de Textos Arcade». El poema *ABRO VUESTRA PUERTA y escucho un rezo_* apareció en la revista digital

«Kokoro», donde también aparecieron algunas semillas, pequeños sonidos que después han crecido en este libro. A ellos, que consiguen abrir umbrales extraños, están dedicados estos poemas.

El poema EN UNA CASA SIN PUERTAS está dedicado, in memoriam, a Charles Simic. Los poemas AUTORRETRATO EN ESPEJO CONVEXO 1 y 2 están dedicados, in memoriam, a John Ashbery. El poema citado de Coleridge es un poema inexacto, como tantos sueños y recuerdos.

La escritura de este libro se ha empapado lúdicamente de las lecturas de las autoras y autores cuyas citas aparecen en el libro. Escondidos en él también aparecen guiños a otros autores. A ellos se dirige mi admiración lectora, mi profundo agradecimiento.

Las revisiones de este libro se hicieron escuchando los discos 'Screen Time' y 'Flow Critical Lucidity' de Thurston Moore, 'Solo piano' de Philip Glass, 'The Disintegration Loops' de William Basinski y 'Deep Listening' de Pauline Oliveros, Stuart Dempster y Panaiotis

Principio de entropía
Lista de reproducción

Índice

Colección

AURA

Primera edición:
septiembre de 2025

© Sergi de Diego Mas, 2025

© de esta edición: Eolas ediciones

www.eolasediciones.es

Dirección editorial: Héctor Escobar
Diseño y maquetación: Alberto R. Torices
Fotografía de cubierta: Caden Tormey
(unsplash.com)

ISBN: 979-13-87753-31-3
Depósito Legal: LE 317-2025

Impreso en España

AURA